쓸데없는
생각만
많은
편

쓸데없는 생각만 많은 편

이민수

작은책들

마음의 간식
2010 - 2017

[시작하는 글]

    결혼식에서 축가를 수려하게 부르지 못하는 것은 유익하다. 축가를 너무 잘 불렀을 때와는 다르게, 축가를 무언가 부족하게 부른다면 그 진정성이 더욱 빛나기 때문이다. 노래를 잘하니까 축가를 부르는구나 하는 생각을 할 수가 없게 되는 것이다. 노래를 잘 못 부르지만, 그럼에도 불구하고 축하하고 싶은 마음에 이끌려 축가를 부르게 되었나 보구나, 정말 온 마음으로 축하하는구나 하고 생각하게 되는 것이다.

축가, 2014. 12. 21.

[시작하는 글]

　축가 6

[1]

　1 슈우웅 14
　2 처음 우는 아이 16
　3 자존심 18
　4 억울한 과학책 20
　5 캔디 22

　6 정부 시책 24
　7 물방울 26
　8 산불 조심 28
　9 흡연의 장점 30
10 응, 가. 32

11 얼굴도장 34
12 혼란스러운 주말 36
13 인생 계획 38
14 까다로운 선발 전형 40
15 당직 근무 42

16 덜 외로운 사람 44
17 이 또한 지나가리라 46
18 마음이 편해지는 사람 48
19 와이키키 50
20 물과 건강 52

21 진해 감성 54
22 운수 좋은 날 56
23 따뜻한 성적표 58
24 책을 향한 마음 60
25 빨래 62

26 조카 64
27 시점의 변화 66
28 자유로운 연애 사상 68
29 우울 70
30 군대 72

31 독 바나나 74
32 신년 전략 76
33 초심자의 행운 78
34 도라에몽 80
35 배스킨라빈스의 역설 82

36 맞춤법 검사 84
37 잠과 졸음 86
38 계획적 충동구매 88
39 어른 90
40 삼겹살을 좋아하는 일 92

41 결혼식과 택시 94
42 지하 소녀 96
43 기름 98
44 수저 100
45 추워라 102

46 소원성취(2016) 104
47 외연의 확장 106
48 엄마와의 대화 108
49 어머 물이 반이나 남았네 110
50 로또 치료 112

51 디지털 관우 114
52 좁은 속 116
53 월요일(2016) 118
54 여름 나무 120
55 기쁜 출근 122

56 매력 124
57 성공과 그 어머니 126
58 가을에 왔다 128
59 손조심 130
60 조카와의 통화 132

61 늦게 자기 134
62 치킨 136
63 월요일(2017) 138
64 낚찌 140

[2]

1 접시 144
2 복이 많은 사람 146
3 어느 건물 148
4 소원성취(2013) 149
5 누가 가장 슬퍼할까 150

6 벚나무 152
7 알아야 할 것 153
8 조상님 154
9 낙엽 소리 156
10 꿈 157

11 허무함 158
12 조개와 삼겹살 159
13 기분이 좋아지는 방법 160
14 낮 영화와 밤 영화 161
15 취업 1 162

16 취업 2 164
17 좋은 기운을 아십니까 165
18 나이 먹고 장난감 사기 166
19 낙엽 167
20 당나귀 168

21 골목의 아저씨 169
22 흡연 정류장 170
23 신혼여행 171
24 포장이사의 경이로움 172
25 짜장면이 묻은 조카 174

26 마리, 마리, 마리 175

[마치는 글]

    책 읽기와 글쓰기와 귀찮아하기 176

[1]

슈우웅

내 발에
로켓 추진 장치가
있어서

지하철역을 벗어나자마자
로켓 추진 장치를
틀면

푸슈구ㄱㄱㄱㄱㄱㄱ
쿠와와ㅏㅏㄱㄱㄱ
슈우웅

로켓 미사일처럼
멋지게
슈우우웅

집 앞에 도착하는 데에는
13초면 충분할 텐데

머리부터 착지해서
사망

2010. 4. 7.

처음 우는 아이

해가 바뀌어도
나이 먹지 않았다.

밥을 안 먹어도
그냥 배가 불렀다.

언제든지 엄마와
꼭 붙어 있어서

어디를 가더라도
혼자이지 않았다.

그렇게 어린데도
울음이 없었는데

그날 네가 운 것에는
이유가 다 있었다.

2011. 1. 9.

자존심

아줌마가 물었다

"이거 을지로 몇 가까지 가요?"

기사 아저씨가 되물었다

"몇 가까지 가시는데요?"

                                        2012. 6. 17.

억울한 과학책

야
내가 사계절이 뚜렷하다고 했지
언제 사계절의 길이가 동일하다고 했냐

2012. 10. 17.

캔디

근데 개가
외롭거나 슬프다고
울지는 않지만
그래도
외로워하기도 하고
슬퍼하기도 한다는 건데
그러면
나랑 다를 게 뭐냐

2012. 10. 20.

정부 시책

28도면 충분히 시원하다는 스티커랑
22도면 충분히 따뜻하다는 스티커랑
같이 붙여 놓지 마라

2012. 12. 4.

물방울

 물방울이 물 위에 떨어져야 조그마한 파동이라도 일으킬 수 있다는 점에 착안해 우리도 여기가 맞는지를 확인해 보고 뛰어들 필요가 있겠다.

2013. 1. 9.

산불 조심

산불 조심 특별강조 기간에
산불 발생을 경계하는 차원에서
입산을 통제하는 것처럼

근무 군기 특별강조 기간에도
근무태도 해이를 경계하는 차원에서
출근을 통제해주면 좋겠다.

2013. 3. 15.

흡연의 장점

흡연자는
집 앞에서 싸움이 났을 때
담배 피우러 나온 척하며
자연스럽게
싸움 구경을 할 수 있다.

2013. 3. 21.

응, 가.

첫 배변은 자신의 것을 떠나보내는 첫 경험이라는 식의 의미부여가 타당하다고 봤을 때, 응가라는 표현은 상당히 절묘한 것 같다.

2013. 4. 30.

얼굴도장

 카메라를 가져오지 않아서 고양이를 발견한다고 해도 사진을 찍을 수는 없었다. 하지만 얼굴도장이라도 찍어두면 다음에 만났을 때 나를 좀 덜 경계하지 않을까 하는 마음에 차 밑을 들여다보았다.

2013. 5. 24.

혼란스러운 주말

월급날이 월요일인 경우에는
주말이 끝나지 않기를 바라는 마음과
어서 월요일이 다가와
월급이 들어오기를 바라는 마음이 뒤섞여서
굉장히 혼란스럽게 되어버린다.

2013. 6. 9.

인생 계획

미로찾기를
도착점에서부터 시작하면
쉬운 것처럼
인생 설계도
노후에서부터 시작하면
쉬울지도 모른다는 기대를 품었으나
몇 살까지 살지를 몰라서 실패

2013. 10. 3.

까다로운 선발 전형

 까다로운 선발 전형은 우리가 합격에 이르는 과정을 험난하게 만드는 대신 "과연 내가 그 일을 잘 할 수 있을까?" 하는 고민으로부터는 자유롭게 만들어 주는 것 같다.

2013. 12. 5.

당직 근무

  잠을 자기에는 그렇게 짧던 새벽이 잠들지 않기에는 너무나도 긴 시간이 된다. 낯선 순간으로 가득한 새벽 시간의 묘한 기분은 낯선 풍경으로 가득한 이국에서의 묘한 기분과 꽤 닮아있는 것 같다. 낯선 곳으로 떠날 수는 없지만 낯선 시간에 깨어있을 수는 있었다.

2013. 12. 31.

덜 외로운 사람

 독서가 취미인 사람은 덜 외롭지 않을까 싶다. 누군가가 해주는 이야기를 끊임없이 들을 수 있다면 조금은 덜 외로울 것 같다.

2014. 1. 2.

이 또한 지나가리라

 평일에는 나에게 힘을 주던 그 말이, 주말에는 그렇게 또 내 힘을 빼놓을 수가 없다.

2014. 1. 13.

마음이 편해지는 사람

요즘 만나는 사람의 대부분은
만나는 사람이 있거나 결혼을 했다.
조카를 만날 때
마음이 편해지는 이유를 이제야 알겠다.

2014. 3. 7.

와이키키

고등학교 때 수학학원에 다녔는데
나를 제외한 모두가
학원비를 착복하여
스키장에 간 적이 있었다.
그것을 안 학원 선생님은 나에게
너는 지금 열심히 해서
나중에 다른 사람들 스키장 갈 때
와이키키에 가라고 하셨다.
그 친구들은 여전히 스키장에 다니고 있을 것이고
나는 아직 와이키키에 가 보지 못했다.

2014. 3. 22.

물과 건강

 대학원 다닐 때 건강해지고 싶은 마음에 물을 굉장히 많이 마시던 시기가 있었다. 물을 많이 마시다 보니 화장실에 자주 가게 되었고 이게 물을 마셨기 때문에 건강해지는 것인지, 아니면 화장실에 가느라 많이 움직여서 건강해지는 것인지 헷갈릴 지경이었다.

2014. 3. 26.

진해 감성

1.
할머니: 나는 물만 있으면 된다. 물이 내 안주다.
할아버지: 기껏 술 먹고 물로 헹가뿌면 뭐하노?

2.
할머니: 와 계란을 간장에 찍어묵네.
아저씨: 소금이나 간장이나 짜분 건 마찬가지 아인교?

2014. 3. 29.

운수 좋은 날

계단에 발을 딛는 순간 좋아하는 노래가 흘러나오는 버스를 탔다.

2014. 4. 6.

따뜻한 성적표

중학교 때 성적표를 봤다. 담임선생님의 짤막한 메시지도 인쇄되어 있었다. 왠지 모를 따스함이 느껴졌다. 한 명 한 명을 생각하며 글을 써 내려갈 때 있는 힘껏 온기를 불어넣었던 것일까. 십수 년이 지난 지금에도, 성적표는 여전히 따스함을 품고 있었다.

2014. 5. 6.

책을 향한 마음

　책 읽으면서 먹으려고 과자를 사 왔다. 책에 과자 가루를 묻히기 싫어서 젓가락으로 먹었다. 책 읽기에 집중이 잘 안 됐다. 책을 지키기 위해서 책 읽기를 희생한 기분이었다. 책도 나의 이런 마음을 알아주면 좋겠다.

2014. 5. 9.

빨래

 빨래가 좋은 이유 중 하나는 빨래를 하고 나면 당분간 빨래를 하지 않아도 된다는 점에 있다. 깨끗한 수건이 서랍을 한가득 채우고 있을 때 마음이 든든해지는 이유도 여기에 있다. 한동안 빨래를 하지 않아도 되기 때문이다. 그렇게 빨래가 싫은 만큼 빨래가 좋아진다.

2014. 5. 22.

조카

1.
원, 투, 쓰리, 포, ..., 나인, 텐, 일레븐, 이레븐, 삼레븐....

2.
이민수
삼민수
사민수

3.
저렇게 중얼중얼 하고 있는 걸 보면
꽤 귀엽다.

2014. 6. 17.

시점의 변화

누군가와 함께 길을 갈 때에는
등장인물인 것 같지만
혼자서 길을 갈 때에는
관찰자가 되는 것 같다.

2014. 6. 28.

자유로운 연애 사상

처음에 훈련받을 때는
분명 총을 애인이라고 생각하라고 들었는데
사격훈련이 있을 때마다
매번 새로운 총을 준다.
아무래도
자유로운 연애 사상을
주입 당하고 있는 것 같다.

2014. 11. 6.

우울

 그저 우울하기만 한 것은 전혀 문제가 되지 않는다. 하룻밤 자고 일어나면 언제 그랬냐는 듯이 사라져버릴 우울이기 때문이다. 하지만 어쩐 일인지, 우울함으로 인해 잠이 오지 않는 날에는 조금 곤란해진다. 밤이 길어지면, 그만큼 우울도 길어지기 때문이다.

2014. 12. 3.

군대

달을 가리키면
손톱을 깎고 오라고 한다.

2014. 12. 11.

독 바나나

 "이거 독 바나나야." 조카의 말이 끝나기 무섭게 원숭이 장난감 손에 들려진 바나나를 입으로 가져가 먹는 시늉을 했다. 그리고는 그대로 누워서 몇 분가량의 휴식을 취할 수 있었다. 독 바나나를 기꺼이 먹은 용기에 비해 나에게 주어진 휴식은 너무 짧았다.

2014. 12. 21.

신년 전략

 꼭 해야 하는 일을 절대 하지 않겠다는 다짐을 하고서는 작심삼일이 실현되기를 조심스레 기다려 본다.

2015. 1. 1.

초심자의 행운

처음 사는 것만 같은 나의 삶이 마냥 쉽게 풀리지는 않는 것을 보면 초심자의 행운이 인생에는 적용되지 않는 것만 같다. 그러다가 누군가 행운과 함께인 사람을 보게 되면 아 이번 삶이 나의 첫 삶이 아닐 수도 있겠구나 싶다.

2015. 1. 13.

도라에몽

 아마도 도라에몽을 살 수 있는 미래의 나는 이미 기성세대가 되어 있기 때문에 젊었을 때는 고생을 좀 해야 한다는 생각에 도라에몽을 보내주지 않는 것 같다.

2015. 2. 17.

배스킨라빈스의 역설

 설레는 마음으로 좋아하는 것들을 순서대로 말해보지만, 결국 제일 좋아서 처음에 말한 것을 가장 마지막에 먹게 되는 배스킨라빈스의 역설 같은 것이 존재한다.

2015. 2. 27.

맞춤법 검사

 영어도, 일본어도 잘하지 못하면서 맞춤법 검사 결과에는 왜 그렇게 번역 투의 문장이 많이 지적되나 했더니 맨날 번역서만 봐서 그렇구나.

2015. 4. 28.

잠과 졸음

나는 잠은 많지 않은데 졸음은 많다.
나는 잠이 많지 않아서 졸음이 많다.

2015. 7. 14.

계획적 충동구매

 충동구매를 하도 많이 하다 보니까 이제는 계획성이 가미된 충동구매가, 충동적으로 계획을 세우고 그 계획에 따라 구매하는 행동이 가능해졌다.

2015. 9. 9.

어른

아이들은 의외로 혼자서도 잘 논다. 외롭다고 징징대는 것은 어른 뿐인 것 같다. 스스로가 꽤 어른스러운 것 같다는 생각이 들었지만, 그다지 대견스럽게 느껴지지는 않았다.

2015. 9. 11.

삼겹살을 좋아하는 일

오븐은 샀는데 쌈장을 안 샀다. 입안 가득 싱거움 대잔치가 펼쳐졌다. 더는 내가 좋아하던 삼겹살이 아니었다. 나는 삼겹살이 좋다고 말하면서도 속으로는 삼겹살의 조건을, 쌈장을, 염도를 따져보고 있었나 보다. 있는 그대로의 삼겹살을 좋아하는 일은 이렇게 어려웠다.

2015. 9. 12.

결혼식과 택시

결혼식에 늦어 택시를 탔다.
축의금을 만 원 더 내는 거라고 생각하니
마음이 편해졌다.
하지만 축의금을 낼 때는,
왠지 축의금으로 택시를 탄 것 같은 기분에
마음이 다시 불편해질 것만 같았다.

2015. 9. 20.

지하 소녀

"약수는 있는데 왜 악수는 없어?", "내방은 있는데 왜 니방은 없어?" 한 아이가 서울시의 지하철역 작명 시스템에 대해 의문을 품고 있다. "신사 숙녀 여러분! 신사 숙녀 여러분!" 아마도 이 아이는 신사역에서부터 이 외침을 이어왔지 싶다.

2015. 10. 9.

기름

프라이팬에 기름을 두를 때면
어 내가 이 기름을 다 먹는 건가
하고 두려운 마음이 들지만
설거지를 할 때면
아, 내가 그 기름을 다 먹은 건 아니구나
하고 안심이 된다.

2015. 11. 21.

수저

누군가 금수저를 이야기하면
은수저가 나타났고
누군가 은수저를 이야기하면
흙수저가 나타났다.
하지만 한 친구가 자기 집은 자기가 수저라고 하니
더 이상 아무도 나타나지 않았다.

2015. 12. 8.

추워라

안 그래도 공부하고 있는데
공부하라고 하면
괜히 공부를 안 하게 되는 것처럼
안 그래도 추운데
추우라고 하면
괜히 안 추워지면 좋겠다.

2015. 12. 8.

소원성취

 연말이라 밀린 소원들이 많았기 때문인지 휴가 기간 동안 간절히 빌었던, 시간이 늦게 가게 해달라던 나의 소원은 월요일이 되어서야 이루어지고 있는 것 같았다.

2016. 1. 4.

외연의 확장

오잉
화장실을 다녀와도 배가 줄어들지 않는다.
아
너도 나였구나.
해를 거듭할수록 나의 외연이 확장되어 간다.

                                                2016. 1. 10.

엄마와의 대화

"로또 되면 바로 출근 안 할 건데."
"출근은 해야지. 엄마는 출근할 곳이 있었으면 좋겠다."
"왜? 나는 출근하기 싫은데."

엄마가 "나도 살림 살기 싫은데."라고 말했다면
나도 "나는 살림 살고 싶은데."라고 말했겠지만,
엄마는 살림 살기 싫다고 말하는 적이 없다.
어른이라고 다 같은 어른이 아니기 때문인 것 같다.

2016. 2. 14.

어머 물이 반이나 남았네

긍정적 사고를
주입식으로 교육받았던 나는
"우와, 할일이 반밖에 안 남았네."
라고 하기보다는
"어머, 할일이 반이나 남았네?"
라고 생각할 수밖에 없게 되었다.

2016. 3. 6.

로또 치료

우울할 때는 로또를 사면 좋다.
당첨을 기대하면 더 좋다.
당연히 당첨은 안 되고
우울함은 계속되겠지만
우울의 이유가 로또로 바뀌는 것은 좋기 때문이다.

2016. 4. 19.

디지털 관우

"잠깐, 화장실은 이 일을 마저 끝내놓고 가십시오."
그러자 그는 당당하게 말하였다.
"이 화면의 보호기가 켜지기 전에 다녀오겠습니다."

2016. 5. 27.

좁은 속

속이 좁아서
기분이 나쁘면 곧잘 말하고 마는데,
속이 좁아서
말하고 나면은 곧잘 후회하게 된다.

2016. 6. 7.

월요일

주말을 잘 보내고 왔냐
는 물음 앞에서 내가 할 수 있는 것은
주말이 나를 떠나간 것이지
내가 보내준 적은 결코 없다는 사실을
다시 떠올리는 일뿐이었다.

2016. 7. 19.

여름 나무

 겨울에 나무들이 춥겠다는 생각을 해본 적은 있는데, 여름에 나무들이 덥겠다는 생각은 아직 안 해본 것 같다. 마음이 얼어붙는 건 오히려 여름일지도 모르겠다.

2016. 8. 13.

기쁜 출근

휴가는 너무 좋다.
휴가의 너무 좋음에는
아마도 출근의 고통이 기초가 되는 것 같다.
출근은 이렇게 쓸모가 있다.
하지만 그렇다고 해서
기쁜 마음으로 출근을 해서는 아니 되겠다.
그러면 휴가의 너무 좋음이 사라질 것만 같으니까.

2016. 8. 18.

매력

체력은 국력
재력은 매력이지만
체력만 국력이 아닌 것처럼
재력만 매력은 아닐 테니까

2016. 9. 14.

성공과 그 어머니

실패가 듣는 앞에서
"실패는 성공의 어머니다."
라고 말하는 것과
성공이 듣는 앞에서
"야 너희 엄마 실패라며?"
라고 말하는 것은 꽤 다르다.

2016. 9. 14.

가을에 왔다

　가을이 오네/마네 하지만, 가을은 오지 않는다. 오히려 가을은 제자리에 있고 우리가 가을로 가는 것 같다. 지구를 타고, 빙글빙글 돌면서 가을로 향하는 것이다. 비행기에 타고 있다고 해서 제주도가 우리에게 오는 것이 아닌 것처럼, 지구에 타고 있다고 해서 가을이 우리에게 오는 것도 아닐 테니까. 그렇게 우리는 가을에 왔다.

2016. 10. 3.

손조심

 귀는 두 개이고 입은 하나인 이유에 대해서 셀 수도 없이 반복해서 들었기 때문이다. 손이 두 개인 데에는 다 그만한 이유가 있는 것이라며 열심히 키보드를 두들기게 되었다. 하지만 어느새 입조심은, 말조심은, 결국 손조심인 시대가 도래한 것이다.

2016. 10. 19.

조카와의 통화

 전화가 왔다. 화면 위엔 엄마의 이름이, 수화기 너머엔 조카가 있었다. 언제 그렇게 자라서는, 지금 이렇게 전화를 하고 있다. 아이들은 쉴 새 없이 자라고, 시시각각 변한다. 나는 어떨까. 달리는 사람에게는 걷는 사람의 움직임이 잘 느껴지지 않는 것처럼, 조카에게는 내가 항상 그대로인 것처럼 보일까.

2016. 12. 1.

늦게 자기

 하루라도 더 산 오늘의 나를 존중하여 어제의 내가 한 다짐들을 뿌리칠 때에는 마치 장유유서의 신봉자라도 된 것 같은 기분이다. 하지만 하루라도 더 살았을 내일의 내가 피곤하든 말든, 오늘의 내가 자꾸만 늦게 자려고 할 때에는 그렇게 반 장유유서적일 수가 없다.

2016. 12. 15.

치킨

 후각기관과 소화기관이 서로 유별할 터인데, 늦은 밤의 배달원이 엘리베이터에 남긴 치킨의 잔향은 깊은 속 융털까지 날카롭게 파고든다.

2016. 12. 19.

월요일

월요일에는 유난히 집에를 가고 싶은데
퇴근 전에는 당연히 집에를 갈 수가 없는데
집아 집아 출근을 하지 않은 네가 나에게 와주렴

2017. 3. 27.

낚찌

낙지를 낙지라고 쓰고 싶다
낚지는 낚찌라고 쓰고 싶다
자장면은 싱겁고
짜장면이 맛있어
시간은 째깍째깍
급할 땐 쨰꺆쨰꺆
조금은 너무 많아
쪼끔만 줘야 해

짜증이 자증이 되고
기쁨이 기븜이 되면
너무너무 심심할 거야
싹싹함이 삭삭함이 되고
꼼꼼함이 곰곰함이 되면
너무너무 답답할 거야

2017. 5. 27.

[2]

접시

  나는 요즘에 집에서 용돈을 못 받게 된 이후로 돈이 몹시 궁한 사람이 되어버려서 지금까지 모아둔 동전을 이용해 생계를 꾸려나가야 할 지경이 되었는데, 은행에서 동전 바꿔주는 건 요일을 정해서 해 주는 것 같으며 통장을 가져가 입금을 해 달라고 하면 아무 때나 해 준다고 했기 때문에 나는 내 통장을 찾으려고 했지만, 통장을 찾지 못해서 누나의 통장을 빌려서 동전을 저금하러 은행에 갔는데, 동전을 종류별로 분류하지 않고 기계에 넣으면 뭔가 문제가 생긴다고 하여 임산부의 모습을 한 계장님과 나는 동전을 종류별로 분류하기 시작한 지 얼마 지나지 않아 멋지게 동전들을 백 원, 오백 원, 십 원과 오십 원으로 분류해냈으며 우리의 자랑스러운 여러 종류의 동전을 동시에 넣으면 분류 못 하는 그 기계가 친절하게도 나의 동전이 얼마인지를 세어줬는데, 생각했던 것 이상으로 많은 금액이 나와 나를 놀라게 한 그 금액은 바로 48,650원이어서 실제로 큰 액수인지 내가 요즘 돈이 너무 없어서 더욱 크게 느껴지는 것인지 헷갈리는 와중에 어찌 됐건 그 액수가 찍힌 종이와 통장을 들고 기쁜 마음도 들고 해서 은행을 유유히 빠져나가려고 하는데 들려오는 계장님의 목소리가 있었다.

"고객님, 접시는 두고 가세요"

아. 나는 48,650원이라는 세속적인 돈에 정신이 혼미해져서 계장님과 고객들을 연결해주는 고귀한 매체인 접시를 손에 든 채로 은행을 빠져나가려고 했던 것이었다. 나도 웃고, 계장님도 웃고, 서 있던 직원도 웃었다. 계장님의 아이가 돌잔치에서 접시를 집는다면 그것은 내 탓일지도 몰라.

2010. 10. 26.

복이 많은 사람

"저기 혹시…. 복이 많은 얼굴이라는 얘기 자주 들으시나요?"

"네. 엄청 자주 들어요. 길 가다 보면 그런 얘기해 주시는 분이 진짜 많아요."

"아니 그게 아니고요. 진짜로 정말 복이 많으신 얼굴이에요."

"네 그런 얘기 진짜 많이 들어요."

"아니 근데 얘기는 많이 들었어도 정성 들여보신 적 있으세요?"

"아니요. 근데 그냥 복을 타고났으니까 그냥 살아도 되지 않을까요?"

"아니에요. 그래서는 안 돼요. 정성을 들여야 돼요."

"음. 그러면 그냥 평범하게 살래요."

우리는 서로에게 미소지으며 헤어질 수 있었습니다.

2012. 6. 17.

어느 건물

"여름에는 더 뜨겁게, 겨울에는 더 차갑게." 자연의 기운을 증폭시켜주는 신기술이 적용된 이 건물은 수백억의 투자가 만들어낸 값진 결실이다. 자연의 힘을 거스르려 하기 보다는 자연을 따르며, 거기에 힘을 더해주는 말 그대로 자연 친화적인 건물인 것이다. 또한 이 건물에 대해서 잘 알려지지 않은 기능이 한 가지 있다. 바로 '계절 양극화 시뮬레이션' 기능이다. 이는 실내공간에서만큼은 여름과 겨울은 더 길게, 봄과 가을은 더 짧게 만들어주는 기능이다. 그래서 바깥세상에 봄이 찾아온다고 해도 여전히 바닥에서 냉기를 느낄 수 있고, 선선한 가을바람이 마음을 싱숭생숭하게 만들려고 해도 실내로 들어오면 온기가 몸을 감싸 차분한 마음으로 돌아갈 수 있다. 그야말로 여름과 겨울을 좋아하는 이들에게, 그리고 봄과 가을의 그 묘하고 설레는 감정을 싫어하는 이들에게는 최고의 건물이라고 볼 수 있겠다.

2013. 3. 12.

소원성취

　인생을 한차례 다 살고 나면 수고했다는 의미에서 다음 인생의 조건을 하나 선택할 기회를 주면 좋겠다. 그런 것이 가능한 세계라면, 그래서 이번 인생의 조건들이 지난 인생의 소원이었다고 믿을 수 있게 된다면 조금이나마 더 행복할 수 있을 것 같다. 그리고 언젠가는 '만족할 수 있는 마음'을 조건으로 선택해 참으로 행복한 인생을 맞이할 수도 있지 않을까 싶다.

2013. 4. 13.

누가 가장 슬퍼할까

나에겐 조카가 한 명 있다. 이름은 혁주. 아직 인생경력이 2년도 되지 않아서 누군가가 계속 봐줘야 하는 어린아이다. 그래서 누나가 출근하는 날에는 외할머니 역을 맡고 있는 우리 엄마가 혁주를 봐주곤 한다. 누나가 일주일에 3일 출근을 하니 혁주는 외할머니와 보내는 시간이 꽤 많은 셈이다. 그래서 엄마와 혁주 사이에는 이런저런 재미난 일들도 많이 생겨나고, 엄마는 나에게도 그 이야기를 종종 해준다.

하루는 엄마가 혁주에게 "혁주가 아프면 누가 슬퍼할까?"를 물어봤다고 한다. 그 질문에 혁주는 엄마, 아빠, 할머니, 할아버지 등 자기가 아는 사람들을 하나둘씩 얘기했다고 한다. 그리고는 며칠 후 할머니 집에 놀러 간 혁주는 똑같은 질문을 다시 받았다고. "혁주가 아프면 누가 슬퍼할까?" 그 자리에 모인 사람들 모두는 내색하지는 않았지만 내심 자기가 먼저 언급되기를 기대하는 눈치였으리라. 그런데 잠시 고민을 하는 듯하더니 이내 혁주의 입 밖을 튀쳐나온 말은 "다-."였다고 한다.

자리에 모인 사람들이 끊임없이 보내오는 기대의 눈초리를 읽어낸 것이었을까? 누군가를 먼저 말함으로 인해 발생할지도 모르는 어떤 미묘한 갈등을 감지했던 것일까? 아니면 2년도 채 지나지 않았지만 벌써 이 세상의 '줄 세우기'에 염증을 느꼈던 것일까? 이유야 어찌 됐건 혁주의 그 짧은 대답으로 사람들은 모두 하하 호호 즐거웠다고 한다. 어찌 보면 우리가 일생을 살아가며 사용하는 재치의 팔 할은 어린 시절 "엄마가 좋아? 아빠가 좋아?" 같은 난해한 질문을 견뎌내며 키워지는 것일지도 모르겠다.

2013. 3. 16.

벚나무

 만개한 벚나무는 무언가 분홍빛을 띤다. 말로는 황인종이라지만 묘하게 분홍빛을 띠는 아기들의 피부색처럼, 벚나무는 분홍색의 얼굴을 가진 것 같다. 그러나 그것도 잠시, 꽃잎들이 하나씩 떨어지면서 벚나무는 분홍빛을 서서히 잃어간다. 그리고는 초록빛의 싹이 하나둘 솟아난다. 남자아이들의 마냥 뽀얗지만은 않은 피부 위로 올라오는 그 어색한 수염처럼, 분홍의 꽃이 지고 있는 벚나무엔 초록의 싹들이 하나둘 솟아난다. 이제는 귀엽지가 않고 아직은 멋지지도 않은, 덜 자란 어른 같은 모습이 된다.

2013. 4. 16.

알아야 할 것

　요즘 혼자 있는 시간도 매우 많고 그러다 보니 이런저런 생각도 많이 하게 된다. 그런데 이런저런 생각을 하다 보니 정리되지 않았던 생각들이 정리되기도 하고, 예전에는 몰랐던 나의 취향이나 가치관을 알게 되기도 하는 것 같다. 그 결과 스스로에 대해서 잘 이해하는 것이 삶의 목적 중 하나가 될 수도 있겠다는 생각이 들었다. 소설을 읽거나 영화를 볼 때는 그렇게 주인공의 심리를 이해하려고 노력하면서, 왜 인생을 살면서는 자신에게 그렇게 무심했는지 모르겠다. 이런 생각이 들고나니 결국 진로 선택이나 결혼 문제도 스스로에 대한 이해의 일부분인 것 같다는 생각이 들었다. 단순히 인생의 어떤 문제를 해결하기 위한 해결책을 찾는 것이 능사가 아니라, 스스로에 대한 이해의 조각들을 모아나가다 보면 진로나 결혼 같은 큰 문제가 해결되는 것일지도 모르겠다. 이제는 왜 살아야 하는지 모르겠다는 의문은 품지 않아도 될 것 같다. 이번 인생이 끝나기 전에 스스로에 대해 잘 알게 되면 좋겠다. 괜히 기능도 다 익히기 전에 팔아치웠던 카메라들이 생각났다.

2013. 5. 28.

조상님

아이고 우리 조상님!

알고 계셨는지 모르겠지만 지난 몇 년간 차례를 지낼 때나 제사를 지낼 때마다 은근히 저의 소망을 하나둘 애기하며 혹시나 힘을 좀 써주지 않으실까 기대를 하였습니다. 하지만 저도 이제 나이를 먹고 세상이 어떻게 돌아가는지를 좀 알고 나니 그동안 저의 철없는 부탁 때문에 조상님께서 얼마나 불편하였을지 심히 걱정이 되기 시작했습니다.

어디 자기 조상님께 이런저런 부탁드린 사람이 저뿐이겠습니까. 이 사람 저 사람 다들 자기 조상님께 차례 지내고 부탁도 좀 드리고 그랬을 테니까요. 그런데 이쪽 세상 돌아가는 것이 이렇게 빡빡한 것을 보니 그쪽에 계신 그 누군가의 조상님들, 그러니까 이쪽의 빡빡함을 다 겪고 가신 분들이 누가 자기 자손 좀 보살피겠다고 나서는 것을 가만히 보고만 있겠나 하는 생각이 든 것입니다. 철수네 조상님이 철수 뒤를 좀 봐주면 상대적으로 영철이가 좀 뒤처지는 것인데, 영철이 조상님이 가만히 계시겠냐 이런 걱정이 생긴 것입니다.

이런 식으로 서로의 이해관계가 상충하다 보면 조상님들 간에 서로 다툴 수도 있고, 그러다 보면 분쟁을 억제하기 위해 어떤 정치가 이루어지고 있으리라 생각하는 것도 무리는 아닌 것 같습니다. 이런 상황에서 제가 자꾸 이러쿵저러쿵 부탁을 드리는 것은 잘못이겠지요.

사실은 지난 몇 년간의 간곡한 청에도 불구하고 아무런 응답이 없으신 것 같아 조금은 실망을 하기도 했습니다. 하지만 편하게 쉬셔야 할 그곳에서 철없는 후손의 부탁 때문에 신경 쓰셨을 것을 생각하니 죄송한 마음을 감출 수가 없습니다. 지난날 저의 철없던 부탁들은 모두 잊어버리십시오. 혹시라도 저의 부탁을 무리하게 들어주시려다가 사이가 틀어진 다른 사람의 조상님들이 있다면 다시 한번 죄송합니다. 이제는 부디 후손 돌보기의 치열한 경쟁에서 한걸음 물러나셔서 편안하게 쉬십시오. 저는 뭐 어떻게 알아서 잘해보겠습니다…. 그래도 제사와 차례에는 꼬박꼬박 참석하겠습니다…!

2013. 9. 30.

낙엽 소리

얼마 전 길을 걷고 있을 때였다. 어디선가 강아지 발걸음 소리가 들렸다. 강아지가 있을 리 없는 곳에서 들리는 강아지 발걸음 소리는 낙엽이 바람에 굴러가는 소리였다. 건조해진 낙엽이 아스팔트 바닥을 뒹구는 소리는 그 작은 발톱이 아스팔트 바닥에 부딪혀 나는 소리와 크게 다르지 않았다. 아니라는 것을 알기 때문에 괜히 더 기대할 수 있었던 것일까. 멋쩍은 기대에 괜히 웃음이 났다. 애초에 불가능한 기대였기 때문에 실망하지도 않았다. 그저 웃음이 났다. 이렇게 아무렇지도 않은 것을 보니 그것은 어떤 기대가 아닌, 그저 기분 좋은 상상이었나 보다.

2013. 10. 28.

꿈

 어린이가 꿈을 먹고 자란다면, 어른은 꿈이 없는 게 당연하지 않나 하는 생각을 했었다. 꿈을 이뤘을 수도 있고 이루지 못했을 수도 있지만 어찌 됐건 자라나는 과정에서 꿈을 다 먹어 치웠을 테니까.
 무엇을 해야 좋을지 몰라 이러지도 저러지도 않고 있는 자신의 모습을 보니 어른이 되기는 글렀다는 생각이 들었다. 꿈을 이루든 못 이루든 일단 먹고 자랄 꿈이 있어야 할 텐데 말이다.

2013. 12. 5.

허무함

　게임이야 진작부터 허무한 것을 알았지만 사진 찍는 것이나 장난감을 사 모으는 것, 글을 쓴다거나 책을 읽는 것 역시 허무하긴 마찬가지인 것 같다. 좋아하는 것을 사고, 글도 쓰고 사진도 찍고 그렇게 살면 될 것 같았는데 금세 허전해질 것 같아 겁이 난다. 무엇을 하면서 살면 좋을지를 물으면 대개 하고 싶은 것을 하라고 하는데, 하고 싶은 것을 어떻게 알아내는지는 알려주지 않는다. 결국 자기가 알아내야 한다는 것을 알기는 하지만 답답한 건 어쩔 수가 없다.

2014. 1. 5.

조개와 삼겹살

조개와 삼겹살을 함께 구워 먹는 식당에 갔다. 조개도 맛있고 삼겹살도 맛있었다. 그런데 왜 굳이 둘을 같이 먹는지를 깨우칠 정도의 맛은 아니었다. 조개와 삼겹살을 동시에 입에 넣는다고 해서 천지개벽의 맛 같은 것이 나지는 않았기 때문이다. 이 조합은 그저 선택의 고충을 덜어주는 짬짜면 같은 것일까? 하지만 조개구이와 삼겹살을 두고 고민해본 적은 한 번도 없었던 것 같다. 아! 이것이 바로 공급이 수요를 창출하는 것이구나 하고 무릎을 치니 종아리가 들썩였다.

2014. 3. 31.

기분이 좋아지는 방법

　퇴근길의 끝자락에서 자전거 타기를 멈추고 자전거를 공영자전거 보관함에 반납했다. 그리고 헬멧을 벗어 손에 들고 걷기 시작했다. 알 수 없는 기운에 이끌려 헬멧을 든 팔을 이리저리 흔들며 걸었다. 기분이 좋아졌다. 초등학교 시절 생각이 났다. 그때는 실내화 주머니를 제멋대로 흔들면서 집에 갔었는데. 좋았던 시절이 떠올라서 기분이 좋아진 것인지 아니면 물건을 든 팔을 이리저리 흔들며 걸어가서 기분이 좋아진 것인지는 알 수 없었다. 어찌 됐건 기분이 좋아지는 방법을 알아낸 것 같아서 기분이 좋았다.

2014. 5. 18.

낮 영화와 밤 영화

　예전에는 낮에 보는 영화보다 밤에 보는 영화가 더 좋다고 생각했다. 어두운 영화관에서 나온 이후에도 주변이 여전히 어둡다면 영화의 여운이 더 오래 남는 것 같았기 때문이다. 하지만 낮에 보는 영화도 그 나름의 장점이 있다고 생각하게 되었다. 어두운 영화관에서 나온 이후 주변이 밝으니 영화 속 세계와 현실 세계의 이질감이 더욱 크게 느껴졌고, 그 이질감이 주는 묘한 기분도 증폭되는 것 같았기 때문이다.

2014. 6. 1.

취업 1

　짝사랑으로 가득 찬 하루하루가 흘러간다. 나는 이러이러한 사람이고 너의 이러이러한 점이 좋다고 편지를 보내 본다. 우리가 함께할 10년 후를 그려 보라는 말에 내심 기대를 품고 꿈만 같은 이야기를 적어 보기도 한다. 그럴 때면 항상 나의 마음이 커질수록 편지를 잘 쓸 수 있을 것 같아서, 그래야 조금이라도 나에게 마음을 줄 것 같아서 내 마음을 너무 많이 내주고 만다. 하지만 대부분의 짝사랑이 그러한 것처럼 나의 짝사랑들도 인연이 아니라는, 미안하다는 말들로 그렇게 끝나버린다. 내 마음을 많이 주는 것이 긍정적 응답에 영향을 미치는 것인지는 알 수 없지만, 거절의 말 이후의 공허함이 더 커진다는 점은 확실한 것 같다.
　물론 어떤 경우에는 조금 희망적이기도 하다. 우리가 인연이 아닌 점이 아쉽다며 주절주절 긴 말을 늘어놓기보다는 일단 한번 만나보자는 답장이 올 때도 있는 것이다. 그러면 그 작은 신호에 또다시 온 마음을 빼앗겨버린다. 이번에야말로 내 모든 마음을 다 주고, 나도 마음을 얻어내리라 다짐을 한다.

그리고는 생각한다. 도무지 왜 나는 안 되는지 알 수 없는 그 애매한 답장보다는, 얼굴을 보며 나누는 대화가 더 나을 것이라고. 그 표정이나 분위기를 통해서 어떤 점이 문제인지를 알 수 있다면 이번에는 실패할지 몰라도 다음에는 성공할 것이라고. 하지만 거절의 이유를 안다는 것은 후회를 동반할 수밖에 없다는 사실을 생각하지 못한 대가로 예상치 못한 괴로움을 맛보게 된다. 마음을 내어준 자리에는 어느새 후회가 한가득 차오른다. 이제는 공허함을 넘어 괴로움을 느끼게 된다.

팔자에도 없는 짝사랑은 그렇게 계속된다. 나만 아파서 더 아픈 것 같은 그런 요즘이다.

2015. 4. 27.

취업 2

한편으로는 이상한 기분이 들기도 했다. 여러 회사가 나에게 퇴짜를 놓으며 건네준 행운의 말들은 왜 그 효과를 발휘하지 않는 것인지 궁금했다. 앞으로의 행운을, 더 좋은 결과를 기원하던 그 말들에는 아무런 힘도 없는 것만 같았다. 하지만 내가 행운의 말 몇 마디로 합격이 가능한 사람이었다면 애초에 떨어지지도 않았을 것이라는 생각도 들었다. 어쩌면 나는 탈락과 함께 찾아오는 행운의 말을 수십 개는 모아야 취업의 문턱을 가까스로 넘을 수 있는 그런 사람이었던 것이다.

2015. 6. 5.

좋은 기운을 아십니까

"잠깐만요, 좋은 기운이 느껴지시네요."라며 말을 걸어오는 사람들이 있다. 이 삭막한 도시에서 살가운 태도로 먼저 다가오는 사람의 존재는 언제나 놀랍다. 그들은 지하철역까지 가는 길의 말동무가 되어주기도 하고 공강 시간의 무료함을 달래주기도 한다. 물론 "좋은 기운"이라는 추상적인 개념에 관심이 있는 사람들이라서 그런지 대중교통 환승의 중요성이나 수업 시간에 늦지 않으려는 자세를 고려해주지 않는 점은 아쉽다. 집안을 일으켜 세우는 비법을 듣는 것이 중요한지 환승 혜택을 놓치지 않는 것이 중요한지에 대한 의견 차이를 좁히지 못하고 우리는 헤어졌다.

2014. 6. 1.

나이 먹고 장난감 사기

 한 패스트푸드점에서 산 장난감의 얼굴에 코가 없었다. 코가 없는 장난감을 원했던 적은 없었기 때문에 다시 그 가게를 찾아갔다. 코가 없습니다. 바꿔주세요. 그런데 의외의 대답이 돌아왔다.
 "어머, 아이가 많이 놀랐겠어요."
 그렇게 나는 아이를 위해 장난감을 교환하러 온 자상한 아빠가 되었으며, 그 결과 직원의 도움까지 받아 가며 코가 제대로 붙어 있는 것은 물론이고 색칠도 잘 되어 있는 장난감을 찾을 때까지 장난감을 몇 개고 꺼내 볼 수 있는 기회를 얻었다.
 저 나이를 먹고 장난감을 사는 사람은 무언가 문제가 있을 것이라는 오해가, 저 나이를 먹고 장난감을 사는 사람은 분명 아이를 위할 줄 아는 자상한 부모일 것이라는 오해로 바뀌는 순간 행복이 찾아온 것이다. 나이 먹기의 이점은 뜻밖의 곳에 있었다.

2015. 9. 17.

낙엽

　나무 아래로 떨어진 낙엽들은 어쩐 일인지 제자리를 지키고 있었다. 그 붉은 낙엽들은 그렇게 제자리를 지키고 있었다. 낙엽들이 모처럼의 자유를 만끽하지 않는 이유는, 아마도 또다시 가을이 오면 언제나처럼 그렇게 한껏 붉어질 수 있도록, 다시 한번 땅으로 스며들기 위함인지도 모른다. 차가운 바람이 불어올 때 그렇게도 가지가 떨리는 이유는, 어쩌면 낙엽들이 땅으로 스며들지 못하고 날아갈 것이 두려워서인지도 모른다.
　하지만 우리는 두려움을 몰랐다. 오히려 우리의 쓸쓸한 뒷모습이 흩날려 멀어져갈 때면 안도의 한숨을 내쉬곤 했다. 그것이 우리가 예전처럼 한껏 붉어질 수가 없는 이유인지도 모르겠다. 쓸쓸함을 딛고 일어설 수가 없어서 쓸쓸할 수밖에 없었던 것이다.

2015. 11. 24.

당나귀

"음악을 듣지 못하는 당나귀 귀로 바꿔버렸어요."
"당나귀 귀는 왜 음악을 못 들어?"
"음….당나귀는 음악을 못 듣나 봐"
'임금님 귀는 당나귀 귀'를 다 읽어주니, 조카는 옆에 있는 '브레멘 음악대'를 집어 든다. 괜히 머쓱해진 나는 묻지도 않은 질문에 횡설수설 말을 내뱉는다.
"우와 여기는 당나귀가 음악을 하나 보네~ 옛날에는 음악을 못 들었는데 바뀐 건가~ 이야~"
그렇게 한없이 초라해진 나를 뒤로하고 조카는 진료실로 들어갔다. 누나 가족을 따라간 소아과는 그 인기에도 불구하고 장서 관리가 엉망이었다. '임금님 귀는 당나귀 귀'와 '브레멘 음악대'는 같은 책장에 있지 않았으면 좋겠다.

2015. 12. 6.

골목의 아저씨

꽃 사진을 찍으면 아저씨 같은 것이 아니라 아저씨라서 꽃을 찍는다는 생각을 하고 있는데, 더 아저씨가 나타나서 꽃의 이름이 무엇인지 아냐며 물었다. 세 종류의 목련에 대한 소개로 시작된 이야기는 자신은 이제 곧 지하철이 무료라는 이야기를 지나 젊었을 때는 취미에 빠지지 말고 돈을 벌라는 이야기로 마무리가 되었다. 시간을 빼앗아 미안하다는 것인지 돈을 벌라고 해서 미안하다는 것인지 모르겠지만 아무튼 미안하다는 말을 남기고 아저씨는 떠났다. 그렇게 다시 골목의 유일한 아저씨가 되고 나니 꽃 사진을 마음대로 찍을 수 있었다.

2016. 4. 15.

흡연 정류장

　더위를 뚫고 마침내 당도한 버스정류장에서는 웬 아저씨가 담배를 피우고 있었다. "간접흡연이 싫다"라거나 "바람은 어디로 부는가?" 따위의 생각으로 머리가 복잡해진다. 저만치 떨어져서 버스정류장의 구조물을 방패 삼아 담배 연기를 피해 본다. 그러자 버스가 도착한다. '담뱃불을-붙이면-버스가-온다'의 법칙이 적용된 것일까. 버려진 꽁초의 길이가 긴 만큼 흡연자를 향한 감사의 마음도 크다. 금연 정류장이 늘려줄 기대수명과 흡연 정류장이 줄여줄 버스 대기시간을 두고 저울질을 해 본다. 노년이 길어지는 것보다는 청춘에 버스를 덜 기다리는 쪽이 더 나은 것일까. 다시 머리가 복잡해진다.

2016. 7. 13.

신혼여행

 가득 찼던 긴장감을 떠나보낸 후에는 주위를 맴돌던 축하의 마음들이 어느새 자리를 채워간다. 그래서 홀가분하면서 또 든든하기도 한, 그런 기분으로 떠날 수가 있게 된다. 이제 다 끝났다는 안도감과 이제 시작이라는 기대감을 동반한 행복의 폭풍 속에서도 비행기는 무사히 자리를 뜬다. 돌아왔을 때는 새로운 일상이 기다리고 있는 여행, 어쩌면 그 자체로 새로운 일상의 출발인 그런 여행이 시작된다. 행복에 대한 수많은 정의가 무색해지고, 결혼에 대한 무수한 비판도 힘을 잃게 만드는 그런 여행. 이런 여행은 다시 없겠지만, 이런 행복은 이제 시작이기를.

2016. 10. 17.

포장이사의 경이로움

포장이사의 현장을 지켜보고 있으면 인간에 대한 어떤 마음이 피어오른다. 그것은 경이로움이다. 맨손으로 두꺼운 셀로판테이프를 뚝/뚝 끊어내는 모습이나 무거운 물체를 번/쩍 들어 올리는 모습이 그랬다. 특히 피아노를 옮기는 대목에서는 아저씨가 아저씨를 바라보며 느낄 수 있는 최고 수준의 경이로움을 느낄 수 있었다.

시작은 이렇다. 하나둘 모여든 사람들의 자리 잡기. 그리고는 주문을 외운다. "하나, 둘, 읍!", "하나, 둘, 읍!" 그러다가 끝이 난다. 꿈쩍도 하지 않던 피아노는 어느새 바닥 위로 떠 오른다.

물론 이러한 장면에서 느껴지는 경이로움이 비단 타인의 힘이 나보다 강하기 때문만은 아닐 것이다. 그렇게 따지면 몇 차례의 역도 경기 관람에 내 일생의 경이로움을 모두 소진해버렸을 것이기 때문이다.

이삿짐 아저씨들의 피아노 운반이 경이로운 이유는 오히려 그들의 작업이 결코 순탄치만은 않다는 점에 있었다. 마법의 주문 같은 "하나, 둘, 읍!"이 처음부터 성공적이지는 않았던 것이다. 중간중간 새어 나오는 짜증 섞인 "아이씨!"라거나 "하...."와 같은 한숨은 이렇게 피아노를 옮기는 일이 당연한 일은 아님을 보여줬다. 하지만 그들은 결국 해냈다. 새로운 사람을 부르지도, 또 다른 마법의 주문을 꺼내지 않고서도 해낸 것이다.

그렇게 시작된 경이로움은 내가 이제는 어엿한 아저씨가 되었다는 사실로 인해 더 강화되는 것 같았다. 직접 아저씨가 되어 본 후에야 피아노가 얼마나 무거운지, 왜 피아노 운반은 아저씨의 기본 역량이 될 수가 없는지를 깨달을 수 있었기 때문이다.

아저씨가 되어서 할 수 있게 된 일은 피아노 옮기기가 아닌 경이로움 느끼기였다. 아저씨들이 대단한 것이 아니라 이삿짐 아저씨들이 대단한 것이라는 사실을 알게 된 것이다. 어쩌면 경이로움을 느끼는 데에는 어느 정도의 유사성이 요구되는 것인지도 모르겠다.

2015. 11. 24.

짜장면이 묻은 조카

짜장면 먹기를 마친 조카의 입가에는 짜장이 한가득 묻어 있었다. 그리고 입가에 짜장이 한가득 묻어 있는 조카는 귀여웠다. 아이들은 어른들과 달리 입가의 짜장이 유난히 잘 어울리기라도 하는 것일까. 아니면 '이제 혼자서도 잘 먹네'하는 칭찬에도 불구하고, 아직은 입가를 잔뜩 칠할 수밖에 없는 그 불완전함이 귀여웠던 것일까? 어쩌면 짜장이 묻어서 귀여운 게 아니라, 짜장에도 불구하고 귀여운 것일지도 모르겠다. 짜장 뒤에 잠시 가려진 그 귀여움의 존재를 알고 있기 때문에, 짜장에도 불구하고 귀여울 수가 있는 것인지도 모르겠다.

2017. 1. 11.

마리, 마리, 마리

　보고서를 쓰다가, 표를 만들다가, '명', '명', '명'과 '%', %', '%'를 일단 먼저 채워 넣고 있었다. '아 이번에는 사람이 아니라 개였지'를 깨닫고는 '명', '명', '명'을 '마리', '마리', '마리'로 바꿨다. 개들과 함께 일을 한다는 생각에 괜히 기분이 좋았다. 그러다가 '참가자'가 아니라 '참가견'이라고 쓰는 대목에서는 만난 적도 없는 개들의 모습이 자꾸만 떠올라 입꼬리를 씰룩일 뻔하기도 했다.

2017. 6. 16.

[마치는 글]

  외로울 때, 누군가의 이야기를 듣고 싶은 마음에서 비롯되는 외로움은 책을 읽으면 해결될 것 같고, 나의 이야기를 하고 싶은 마음에서 비롯되는 외로움은 글을 쓰면 해결될 것 같다고 생각하게 되면 내가 외로운 것은 물론 게으르기까지 한 사람이었다는 것을 깨닫게 될 수가 있겠다. 외롭지 않기 위해서는 무언가를 해야 하지만, 외로움은 아무것도 하지 않아도 얻을 수가 있기 때문에 외롭기는 언제나 외롭지 않기보다 쉬울 수가 있겠다.

       책 읽기와 글쓰기와 귀찮아하기, 2016. 5. 1.

- 끝 -

쓸데없는 생각만 많은 편

2021년 2월 5일 1판 1쇄 발행
지은이| 이민수
디자인| 이민수
 편집| 이민수
발행인| 이민수
발행처| 작은책들
 ISBN| 978-89-966662-5-7

http://smallbooks.kr
smallbooks@naver.com